DES RENTES

ET

DE LEUR CONVERSION

Dans

SES RAPPORTS AVEC LA PROPRIÉTÉ FONCIÈRE ET LES GRANDS TRAVAUX PUBLICS.

LETTRES A UN CONTRIBUABLE.

J'ai l'intime conviction, Messieurs, que le revenu de l'Etat ne suffit plus à ses besoins; pour y obvier, il faut de deux choses l'une ; *ou une augmentation d'impôt, ou l'économie que produirait l'abaissement de l'intérêt de la dette.* J'ai indiqué le dernier moyen, parce que je l'ai cru à la fois juste, loyal et profitable à tous les intérêts économiques de la France. (*Discours de M. Humann à la chambre des députés, séance du 5 février 1836*).

A PARIS,

CHEZ ALLUAUD, LIBRAIRE, QUAI VOLTAIRE, N° 21.

1842.

DES RENTES ET DE LEUR CONVERSION

dans

SES RAPPORTS AVEC LA PROPRIÉTÉ FONCIÈRE ET LES GRANDS TRAVAUX PUBLICS.

Monsieur,

Il est une question qui, naguère, a vivement préoccupé les esprits; question grave qu'on dirait en ce moment assoupie, mais qu'une des prochaines sessions législatives ne peut manquer de réveiller. Vous devinez déjà que je veux parler de la Conversion des Rentes.

Au moment où les chambres viennent de voter le budget le plus élevé qui ait encore pesé sur la France avant et depuis l'année 1818, vous penserez peut-être qu'il ne serait pas inopportun de rappeler à l'attention publique la nécessité d'une réduction dans la dette de l'État.

De nouvelles voies de communication sont justement réclamées par les besoins du commerce et les progrès de la civilisation. Malheureusement ces immenses travaux ne peuvent s'exécuter qu'à l'aide de nouveaux impôts ou d'emprunts qui ne sont eux-mêmes, en définitive, qu'un impôt présent et futur dont la propriété foncière prendra comme toujours la plus large part.

Or, est-il possible sans les inconvénients les plus graves d'augmenter les charges de cette propriété? Une sage politique ne commanderait-elle pas, au contraire, de ménager pour les temps de crise, et de soulager pendant la paix, cette *mamelle de l'Etat*, ainsi que l'appelait Sully, seule matière imposable qui, dans les mauvais jours, au moment où le commerce et l'industrie sont presque anéantis, n'échappe pas au Trésor et puisse fournir les ressources dont le besoin se fait alors si vivement sentir?

Est-il juste que tous les genres de priviléges soient indéfiniment accordés à une classe de propriétaires et que presque toutes les charges publiques frappent directement ou indirectement sur une autre?

Une diminution dans le taux de l'intérêt payé par l'Etat aux rentiers serait-elle sans une heureuse influence sur notre agriculture? Ne pourrait-elle avoir pour effet de réduire cette concurrence redoutable que, suivant l'expression d'un homme d'Etat, la Rente fait à l'industrie ?

Telles sont les questions que je viens soumettre à votre examen, heureux si les faits et les chiffres que je vais exposer peuvent en aider pour vous la solution.

J'ai cru m'apercevoir qu'en général, cette matière est trop peu connue dans nos provinces. Les rentiers y sont rares, surtout dans nos départements méridionaux, essentiellement agricoles. Faut-il donc s'étonner si très-peu de nos compatriotes ont dirigé leurs études vers une branche de revenu qui leur est à peu près étrangère ?

Et cependant ceci les intéresse directement, et sous plus d'un rapport; car, en définitive, ce sont les contribuables qui paient les rentiers, et quelques sophismes qu'entasse l'intérêt personnel, il ne fera pas que si la dette publique est réduite de 20 millions annuellement, par exemple, il ne fera pas, dis-je, que l'impôt ne puisse être diminué d'autant ou que ces 20 millions ne puissent être employés à de nécessaires améliorations.

Déjà les mandataires du pays ont par trois fois manifesté sa volonté d'opérer la Conversion des Rentes. De vives résistances, dont quelques-unes peut-être intéressées ou basées sur des motifs à dessein exagérés, ont jusqu'ici paralysé leurs votes, et menacent de faire peser long-temps encore sur les contribuables une surcharge exorbitante dont il serait plus que temps de les affranchir. Cependant un tel état de choses doit avoir un terme. Après avoir long-temps reculé devant la conversion, dans la crainte de mécontenter une partie de la population parisienne, le gouvernement avait senti que la voix unanime des provinces méritait aussi d'être écoutée. Dans la session de 1839, le ministère du 12 mai avait pris l'initiative d'un projet de réduction, et le président du conseil, dans le ministère qui succéda, disait à la chambre des pairs, à l'appui de ce projet :

« Mon devoir est d'avertir la chambre de la gravité de la situation, gravité qui ne peut que s'accroître par un nouveau rejet. On dit qu'il en est de la loi des Rentes comme de la loi du divorce ; qu'il suffit de tenir bon et de la rejeter avec constance pour que bientôt elle ne reparaisse plus. Aussi bien la chambre des députés elle-même ira s'en dégoûtant de plus en plus. Ne le croyez pas, Messieurs. Si vous rejetez la loi, l'autre chambre la reprendra, parce qu'encore une fois, le pays la veut et qu'il y a un droit derrière ce désir, ou mieux cette volonté, et que, quand un droit existe, il se trouve toujours des voix pour le produire, le défendre et le voter. Si la chambre s'est montrée calme et froide dans la discussion, c'est qu'aucune opposition n'était faite à sa volonté, l'énergie de sa conviction ayant amené tous les ministres à l'adoption de la mesure ; mais tenez pour certain que si un cabinet la combattait, ou semblait y renoncer, 400 boules blanches la feraient prévaloir. »

Depuis près de 20 ans, les contribuables espèrent en vain obtenir cette grande satisfaction due à leurs justes doléances et achetée par eux au prix de tant de sacrifices. On sait comment échoua le projet de 1824. La loi de 1825 eut plus de succès. Elle déclarait formellement que le bénéfice de la réduction serait appliqué en totalité à un dégrèvement les contributions; mais comme elle laissait aux rentiers la faculté de garder leurs titres 5 p. % en les menaçant toutefois d'un remboursement, 30 millions de Rentes seulement furent convertis en 3 p. %, et toute loi qui ne posera pas aux rentiers l'alternative obligée d'une conversion ou d'un remboursement n'aura pas de meilleurs résultats.

En 1830, le rapport du ministre des finances annonçait la ferme résolution du gouvernement de présenter une nouvelle loi de conversion, et moins de deux ans après, Casimir-Perrier faisait entrevoir l'espoir de cette mesure dans un avenir très-prochain. En 1833, le ministre des finances s'expliquait en termes bien plus positifs. La discussion des budgets, dans les années suivantes, offrit aux contribuables la même perspective.

En 1839, un membre de la chambre des députés, usant de son droit d'initiative, présenta un projet de réduction. Sa demande fut prise en considération. Un rapport admirable de force et de clarté, fait par M. Lacave-Laplagne, aujourd'hui ministre des finances, démontra l'obligation et la nécessité pour le gouvernement d'user de son droit envers les rentiers. Si le projet fut ajourné, ce ne fut que sur la promesse faite par le ministère d'en présenter un autre dans la session suivante.

En 1838, le même député, M. Gouin, voyant la promesse ministérielle sans réalisation, reprit sa proposition, qui fut l'objet d'un second rapport. Après une discussion longue et approfondie, elle fut adoptée par 251 voix contre 145 et rejetée par la chambre des pairs. Le projet de 1840, voté comme le précédent par la chambre élective, éprouva le même échec.

Comment cette question, si palpitante il y a deux ans à peine, semble-t-elle aujourd'hui tombée dans un complet oubli? L'espérance, combattue par le ministre (discours précité), d'un prochain dégoût de la mesure, était-elle fondée ? Les grandes vérités proclamées par nos hommes d'Etat et nos financiers les plus habiles auraient-elles cessé d'être des vérités ? Les heureux effets signalés par eux comme devant résulter de la conversion, dans l'intérêt industriel et agricole de la France, auraient-ils soudain perdu toute leur importance ?

Notre état financier serait-il devenu tout-à-coup si prospère qu'on pût facilement se priver du bénéfice que produirait cette grande mesure ? Serait-il devenu si fâcheux, par l'affaiblissement de notre crédit, qu'il fût impossible aujourd'hui de la tenter sans péril ? Mais, d'une part, les charges et les découverts de notre Trésor n'ont, depuis long-temps, été plus considérables, et, de l'autre, notre crédit n'a jamais été plus florissant ; car nos fonds sont parvenus à un cours qu'ils n'avaient pas encore atteint.

Quelle est donc la cause du silence absolu gardé par la tribune et la presse sur une opération dont elle se plaisait naguère à constater l'urgence et l'opportunité ? Faudrait-il accuser ici cette mobilité tant reprochée à notre nation qui nous fait, dit-on, embrasser une idée, la suivre avec ardeur et la remplacer bientôt par une autre ?

Quoi qu'il en soit, la question des chemins de fer est en ce moment la matière à l'ordre du jour ; elle absorbe l'attention du gouvernement, du public et des chambres.

Certes nous reconnaissons autant que personne la haute importance de ces grandes lignes qui portent avec elles le mouvement et la vie ; mais leur exécution ne serait-elle pas rendue plus facile et plus prompte par une économie notable dans une des charges les plus lourdes du budget ?

On objecte, il est vrai, que cette économie produirait tout au plus 15 millions annuellement. Mais d'abord n'est-ce rien qu'une économie annuelle de 15 millions ? Ecoutons le rapport fait en 1840 à la chambre des députés, au nom de la commission des Rentes.

« Les économies, Messieurs, sont une œuvre plus laborieuse qu'éclatante. La fortune publique n'a pas de conditions qui ne lui soient communes avec la fortune privée, et la première loi, c'est de ne dédaigner aucune épargne utile, raisonnable et féconde. N'est-ce donc rien qu'un capital avec lequel se construiraient 300 *lieues de chemins de fer*, 600 *lieues de canaux, ou 3,000 lieues de routes royales ?* »

Même langage de la part de M. Duchâtel, ancien ministre des finances, aujourd'hui ministre de l'intérieur :

« L'économie ne doit pas être traitée avec dédain. Une économie, quand elle ne serait que de 10 à 12 millions, vaut la peine qu'on cherche à l'obtenir ; elle donne la faculté de dépenser 300 millions pour des travaux d'utilité générale. Or, 300 millions employés à des travaux productifs répandus sur toute la surface du pays, ce n'est pas un bienfait de peu d'importance, et nous devons y attacher un grand prix. De là, Messieurs, une source de richesses pour le Trésor, de grandeur et de puissance pour le pays, dans l'avenir. Considérez donc dans la question, non pas seulement le changement favorable qui pourra s'introduire dans la balance du budget, mais aussi le fonds capital qui se trouvera à la disposition de l'Etat pour les entreprises les plus fécondes. Je ne traiterai donc pas légèrement l'économie, ne fût-elle que de 10 à 12 millions. Avec elle, *nous pourrons entreprendre de grands travaux publics, améliorer nos grandes voies de communication sur presque toute la surface de la France. C'est déjà un beau, un grand résultat.* »

La même pensée se retrouve dans ces paroles de M Gouin :

« Vous obtiendrez de la réduction une économie annuelle qui sera de 18 à 20 millions. Cette économie aura, en outre, l'immense avantage de mettre à votre disposition un capital de 4 à 500 millions, dont la création n'apportera au budget aucune charge nouvelle. Avec cette ressource, l'achèvement de nos grands travaux publics deviendra possible. »

Mais le bénéfice de la réduction ne pourrait-il s'élever au-dessus de 15 millions ? En 1838, la commission des Rentes disait, à la chambre des députés, par l'organe de M. Passy, son rapporteur :

« Les avantages de la conversion, Messieurs, vous les connaissez.

« D'abord une économie de 15 à 20 milliens à recueillir au profit des contribuables. C'est là *un bénéfice assuré*. L'Etat y puisera des ressources nouvelles, et quelque usage qu'il soit appelé à en faire, nous sommes certain qu'elles ouvriront de nouvelles voies à la prospérité publique et laisseront pour des temps difficiles, s'il en survenait, de nouveaux moyens de faire face aux embarras divers que les périls du pays pourraient amener.

« Si plusieurs années de prospérité se succèdent, et si aucune circonstance fâcheuse ne nous fait entrer dans la voie des emprunts, il nous sera possible alors sans manquer à la prudence d'annuler une portion des Rentes,

rachetées par l'amortissement proportionnellement à la diminution ef-
fectuée de notre dette. Nous arriverions ainsi à dégager notre budget d'une
charge annuelle de 40 à 50 millions. »

« Il ne faut pas s'y méprendre, disait le ministre des finances en 1840,
le système du gouvernement est un système de réduction progressive tel
qu'il est pratiqué dans les autres Etats de l'Europe, et M. Duchâtel recon-
naissait que ce système pourrait amener une économie de 36 millions.

« Le 4 1/2, disait-il, a l'avantage de permettre deux réductions à
l'avenir : l'une de 4 1/2 en 4, et l'autre de 4 en 3 1/2, c'est-à-dire qu'on peut
opérer aujourd'hui une réduction de 12 millions, puis, plus tard, deux
autres réductions également de 12 millions chacune. En tout : 36 millions. »

Le rapport si lumineux et si remarquable présenté en 1830
au roi par M. de Chabrol, ministre des finances, évaluait à
30 ou 40 millions l'économie annuelle devant résulter de la
conversion du 5 p. % ou de la distribution des ressources de
l'amortissement. En voici les termes :

« Quelle que soit, au surplus, la combinaison à laquelle il semblera pré-
férable de s'arrêter pour la conversion des 5 p. 1/0 et pour la distribution
des ressources de l'amortissement, le Trésor doit en recueillir des épargnes
très-abondantes qui peuvent ajouter 30 *ou 40 millions à ses ressources an-*
nuelles. »

Notez que le 5 pour 0/0 n'était alors que de 126 millions,
tandis qu'il est aujourd'hui de plus de 134, non compris les
Rentes appartenant à la caisse d'amortissement. Ce rapport,
souvent cité à la tribune, avait été rédigé, dit M. d'Audiffret,
par des commissions composées des principaux administra-
teurs des finances et présidées par le ministre.

Mais il est un autre point de vue sous lequel la Conversion
des Rentes importe bien plus au pays : c'est l'effet qu'elle
doit produire sur les transactions, en général, par la baisse
de l'intérêt qui en serait la conséquence, et l'avantage qu'elle
aurait de reporter les capitaux vers l'agriculture, le commerce et l'industrie.

« La baisse de l'intérêt, disait Turgot, est comparable à l'effet produit
par les eaux de la mer, qui, en se retirant, laissent à sec des plages immenses que le travail de l'homme s'empresse de féconder. »

« Après les mesures nécessaires à la sûreté de l'Etat, il n'en est pas qui
soit plus utile au pays que la baisse de l'intérêt de l'argent. » (*Discours de*
M. d'Argout à la chambre des pairs, 1838).

« S'il est un point reconnu par tous les économistes, c'est qu'un taux trop élevé de l'intérêt, sans rapport avec les revenus du sol, attaque la propriété dans ses fondements, mine l'agriculture, et tend à ruiner les familles.» *(Rapport sur la loi du 3 septembre 1807)*.

Vainement vous perfectionnerez les instruments agricoles : l'argent est l'instrument indispensable pour faire manœuvrer tous les autres. Les agronomes ont calculé que, dans un domaine, le capital d'exploitation devrait être à raison de 400 fr. par hectare. Connaît-on en France beaucoup de domaines où de telles sommes soient dépensées ? Quels sont ceux de nos propriétaires méridionaux surtout qui pourraient faire à leur champ une pareille avance ?

« Quelle est aujourd'hui, disait l'honorable M. de Fitte, la véritable position du cultivateur ?

«Les capitaux le fuient, parce que toutes les autres industries, dotées d'une protection plus active, d'un bénéfice plus large et plus prompt, les attirent et les absorbent. Il succombe sous le poids inévitable pour lui des charges publiques générales et locales. Dans les grandes cultures, il est sans avenir, à cause de la brièveté des baux ; dans les petites, il végète sans force qui lui soit propre dans les misères du métayage.»

Maintenant il est un autre point qui n'est pas moins incontestable, quoiqu'il ait été nié par les amis exclusifs des rentiers ; et que n'ont-ils pas nié dans cette discussion ?

C'est que le taux de l'intérêt payé par l'Etat agit puissamment sur le taux de l'intérêt entre particuliers.

L'Etat est le plus grand emprunteur du royaume. L'intérêt qu'il offre à ses créanciers influe nécessairement sur celui de tous les placements. Si cet intérêt est élevé, les prêteurs, assurés du service de la Rente établi par un budget et discuté publiquement et voté par les représentants du pays; en sécurité sur la revente de leur capital, au moyen d'un système d'amortissement qui leur assure un acheteur toujours prêt, ne peuvent accepter des particuliers des conditions moins avantageuses.

Et les rentiers savaient si bien que la baisse générale de l'intérêt serait l'effet inévitable de la réduction, qu'un des principaux reproches qu'ils adressaient à cette mesure, c'était de les forcer à accepter la diminution de leur revenu, à cause de l'embarras où ils se trouveraient pour replacer leurs capitaux sans perte. Mais s'ils doivent éprouver de l'embarras ou du dommage, c'est qu'apparemment l'intérêt de l'argent baisserait; car il faut de deux choses l'une : ou que l'intérêt fléchisse dans les transactions particulières par l'effet même de la loi, ou que ceux qui seraient remboursés ne soient pas embarrassés pour replacer leurs capitaux sans perte.

Ce point est d'une trop haute importance dans l'intérêt des propriétaires fonciers pour que nous ne jugions pas utile de citer à son appui les autorités les plus compétentes en pareille matière. Ce sera un des objets de la lettre suivante. Parmi ces autorités, nous pouvons indiquer d'avance celles de MM. Humann, d'Argout, Lacave-Laplagne, Gauthier, Villèle, Chabrol, Gouin, Laffite, etc.

Mais, dira-t-on, l'intérêt de la dette s'est déjà réduit de lui-même, puisque le 5 p. % étant à 119, son intérêt ne dépasse pas 4 fr. 20 c. Déclarez donc qu'il n'y aura pas de remboursement; car c'est la menace de ce remboursement ou de la réduction qui arrête encore son essor, et vous verrez ce fonds monter à 130, et dès-lors son intérêt sera au-dessous de 4 p. %.

Mais qui ne voit qu'une loi pareille causerait une énorme lésion aux contribuables, puisque, leur enlevant l'espérance de voir jamais diminuer le chiffre des millions qu'ils paient annuellement aux rentiers, elle les grèverait à perpétuité du capital de la dette inscrite et ne leur laisserait en perspective qu'une augmentation de cette dette par les emprunts que nécessiteront soit nos grands travaux publics, soit les incidents imprévus qui pourraient troubler la paix de l'Europe.

Rappelons ici l'argumentation de M. Humann :

« Les Rentes 4, 4 1/2 et 5 ne peuvent plus être rachetées, parce qu'elles ont dépassé le pair. Le puissant amortissement qui leur est attribué reste sans emploi et n'agit plus. *Au sein de la prospérité, vous ne diminuez pas le capital de la dette ; que ferez-vous dans les mauvais jours ?* Vous emprunterez pour couvrir l'insuffisance des produits de l'impôt ; vous voudrez emprunter

poursoutenir par l'action du rachat le crédit chancelant; ma is alors viendr
l'objection que les excédants de recettes forment le seul amortissement
vrai, et que c'est une déception d'emprunter d'une main pour amortir de
l'autre. Ainsi point d'amortissement quand il peut être réel; point d'amor
tissement quand l'emprunt devra le nourrir; en d'autres termes, *accroisse
ment indéfini de la dette et empêchement de la réduire*. Telle est la voie péril
leuse dans laquelle on se trouve engagé.

« Le moyen d'en sortir est bien simple, nous disait-on : renoncez a
droit de rembourser la Rente; rachetez-là à tout prix, aussitôt l'intéré
s'abaissera par l'effet de la hausse, et l'amortissement se trouvera dégag
Oui, l'intérêt s'abaisserait, mais aux dépens du Trésor et au profit de l
Bourse. Au milliard qu'il en coûte pour payer les capitaux fictifs dont l'Et
s'est constitué débiteur, il faudrait ajouter un second milliard pour rachet
les nouveaux capitaux fictifs que ferait apparaître la hausse. Ce serait in
féoder le revenu public aux rentiers actuels; ce serait leur attribuer d
avantages qui imposeraient au pays des sacrifices sans mesure et sa
termes. »

« La doctrine opposée au remboursement ou à la réduction, disa
M. d'Argout, est désolante pour les contribuables, car elle ferme la por
à toute espèce de dégrèvement. Elle laisse peser sur eux le fardeau d'u
dette qui, chaque année, deviendrait plus lourd; elle est dangereuse pou
le crédit public, car elle conduirait l'Etat à emprunter dans les momen
de crise et de dangers, toujours sous le poids des mêmes charges, ce qu
dans un temps plus ou moins long, apporterait la plus grande perturbatio
dans nos finances et finirait par amener une banqueroute. Enfin elle e
dommageable aux rentiers eux-mêmes, en ce qu'elle peut produire cont
eux une réaction et des mesures plus rigoureuses. »

Le langage de M. le ministre des finances actuel, au no
de la commission des Rentes, n'était pas moins grave :

« Les facultés que donne le crédit seraient désastreuses pour une nati
si elle n'avait pas la sagesse de cicatriser pendant les intervalles de pro
périté les plaies ouvertes dans les jours d'embarras et de malheur
Presque toujours le calme est trop peu durable et les causes de dépens
extraordinaires trop fréquentes pour que le mal soit complètement répar
mais si une fois engagé dans la voie des emprunts on se trouve entraî
par une pente irrésistible, au moins faut-il s'y abandonner le plus lent
ment possible, au moins faut-il que lorsque une nouvelle nécessité
grossir la dette se présente, on se trouve dans une situation plus favorab
que celle où la nécessité précédente vous avait laissé. Ne pas avoir cet
prudence, ce serait marcher à grands pas vers *l'impuissance*, *l'insolvabilit*
la *banqueroute*. »

Et remarquons-le bien : si le 5 p. 0/0 à 119 produit
peine 4 fr. 20 c. à ses acheteurs, l'Etat n'en paie pas moi
constamment aux rentiers 5 p. 0/0 d'intérêt pour les milliar
dont il s'est constitué débiteur. Ainsi donc, par le retai

qu'éprouve la réduction, les contribuables perdent chaque année 20 millions qui passent de leurs bourses dans celles des rentiers, ou que, suivant l'énergique expression de M. Laffite, ils jettent par la fenêtre.

Et puis, dans un temps où les fortes maisons de banque n'acceptent guère plus de fonds au-dessus de 3 p. %, un taux de 4 fr. 20 c. n'est-il pas exorbitant, surtout si l'on considère les énormes priviléges dont la Rente est investie, et qui peut-être équivalent à 2 ou pour 10 en sus de l'intérêt payé par l'Etat. Sans doute c'est la crainte du remboursement ou de la réduction qui maintient l'intérêt du 5 p. 0/0 à ce taux.

Mais, nous l'avons déjà dit, il est impossible, il serait souverainement inique pour les contribuables de déclarer que le remboursement ou la réduction n'aura pas lieu; ce serait même un manque de foi envers une partie des rentiers qui, sous la menace de remboursement établie par la loi du 1er mai 1825, ont converti 30 millions de Rente 5 p. 0/0 en 24 millions 3 p. 0/0, et se fiant ainsi à cette parole de la loi, se sont privés eux-mêmes, depuis près de 15 ans, d'un cinquième de leur revenu.

L'Angleterre nous offre de mémorables exemples des heureux effets de la réduction pour la prospérité générale du royaume.

En 1822, des plaintes fort vives se firent entendre au sein du parlement britannique sur l'élévation du budget des dépenses. A cette époque, fabriques, agriculture, commerce intérieur et extérieur, tout languissait. Les taxes étaient moins productives, le revenu courant ne s'élevait plus au niveau des besoins, la pénurie de la classe agricole était telle, qu'il fut exposé au parlement que des millions d'acres de terre étaient restés en friche, le prix des récoltes ne pouvant compenser les frais de culture. (Voir le rapport appuyé de pièces justificatives, fait à la chambre des députés sur la loi du 1er mai 1825.)

Ce fut en face de ces embarras finaciers, dit M. Humann,

que le ministère anglais eut la hardiesse d'offrir le remboursement ou la diminution d'une grande partie de la dette. Ce ministère fit plus : il annonça que le projet du gouvernement était de réduire successivement cet intérêt jusqu'à ce qu'il ne fût plus qu'à 3 p. 0/0, en observant en même temps que ces réductions successives, quoiqu'elles dussent opérer sur les impôts un dégrèvement de 3 millions 7 mille livres sterlings (environ 80 millions de francs), étaient bien moins à considérer par elles-mêmes que pour les avantages incalculables qui devaient résulter de la baisse de l'intérêt. Il fut procédé immédiatement à cette grande opération, et les demandes de remboursement ne s'élevèrent pas à la cinquantième partie du capital qu'il s'agissait de reconstituer.

« La mesure prise par le ministère et un dégrèvement équivalant au montant de la réduction influèrent si efficacement sur la richesse publique, que l'accroissement des impôts sur les consommations permit au chancelier de l'échiquier d'annoncer au parlement, à la session de 1824, que les réductions successives sur les impôts qui pesaient le plus sur le peuple et l'industrie montaient 7 millions sterlings (environ 200 millions de notre monnaie.) » — *Même Rapport.*

« La réduction du 5 p. 0/0 en 4 p. 0/0 étant accompagnée de l'annonce de réductions de l'intérêt des divers effets publics jusqu'à ce qu'on eût atteint le taux du 3 p. 0/0, il en résulta que les capitalistes, n'ayant plus la comparaison d'un placement qui les rendait plus exigeants, recoururent à des placements moins onéreux pour les emprunteurs et que par une hausse progressive, les 3 p. 0/0 s'élevèrent de 78 à 93. »

La réduction opérée en 1756 n'avait pas produit des conséquences moins importantes pour les grands travaux publics. Nous lisons dans le même rapport :

« Ce ne fut qu'à cette époque de 1756 que l'émulation particulière, trouvant des capitaux à meilleur marché, réalisa à elle seule ce système de canalisation repoussé jusqu'alors comme improductif, qui, dans la seule Angleterre, dont la superficie ne fait que moitié de celle de la France, *a créé un capital d'environ un milliard versé dans les mains de la classe laborieuse, et productif non pas tant par lui-même que par les valeurs qu'il a fait naître.*

« Nous ne citerons qu'un autre exemple, celui que présente l'exploitation des mines, jusqu'alors sans débouchés, qui rapportent actuellement 200 millions de notre monnaie, et alimentent, en outre, un grand nombre de manufactures, soutiens de plusieurs centaines de milliers de familles., résultat qui n'aurait pas eu lieu sans la réduction du taux de l'intérêt qui, en facilitant un grand nombre d'entreprises, multiplia ainsi les profits de la classe agricole. »

Le ministre des travaux publics a dit plusieurs fois à la chambre des députés, que les nations étrangères avaient pris sur nous l'initiative des chemins de fer, mais il aurait pu rappeler aussi que ces nations nous donnent, depuis long-temps, un autre exemple non moins digne d'être imité: celui de faire marcher parallèlement avec ces grands travaux une opération qui n'a pas moins d'importance : celle de ré-duire pendant la paix les charges que la guerre a fait naître, de se procurer ainsi pour le présent et de se ménager pour l'avenir des ressources puissantes et fécondes. Comparons, sous ce dernier rapport, la conduite de l'étranger avec la nôtre.

L'Angleterre a fait en 12 ans quatre conversions. Par l'effet de son amortissement et de ces conversions, elle a réduit depuis 1816 le capital de sa dette de deux milliards et les in-térêts de 216 millions. Dans ce pays, appelé par les financiers la *terre classique du crédit*, la conversion de la dette est tellement passée dans les droits et les habitudes du gouvernement, qu'il n'est pas besoin de loi pour l'autoriser ; elle est un simple acte de haute administration. Le chancelier de l'échiquier annonce à la chambre des communes que sous peu de jours il abaissera l'intérêt de telle partie de la dette, en même temps il livre son plan à la publicité, il fait ses offres, et donne de courts délais aux dissidents pour déclarer s'ils veu-lent être remboursés. Quand le ministère a besoin de voies et moyens, il les demande au parlement; si de fortes sommes lui sont nécessaires, il les prend à la banque contre des billets de l'échiquier. Chacune de ces opérations se termine souvent en moins de trois mois.

Et qu'on ne dise pas que l'Angleterre éprouve en ce moment de grands embarras financiers. On ne prétendra pas sans doute que ces embarras, dont la cause est d'ailleurs bien connue, tiennent aux Réductions de ses Rentes. N'est-il pas évident que sans ces réductions, la gêne qu'elle ressent aurait une bien autre gravité ?

Ce qu'ont fait la Prusse, l'Autriche et la Russie, est moins considérable : cependant ces États se sont efforcés de se conformer aux conditions du crédit. Tous ont fait des conversions ; la quotité d'impôt payée par chaque contribuable a été réduite d'un cinquième ou d'un sixième. La Prusse a réduit le capital de sa dette d'un quart et les intérêts d'un tiers. La Russie rembourse annuellement sa dette étrangère ; quant à sa dette nationale, qui se compose d'une multitude de fonds constitués à divers taux, elle les rachète quand ils sont au-dessous du pair. Elle convertit ceux qui sont au-dessus en contractant de nouveaux emprunts pour rembourser les anciens. L'Autriche n'a pas fait moins d'efforts pour arriver au même résultat. L'exemple donné par les grandes nations a été suivi par les États secondaires, notamment par la Bavière, le Wurtemberg, le Hanovre, le grand-duché de Bade, Brême, Hambourg, Francfort, la Hesse-Electorale, Saxe-Cobourg, les duchés de Nassau, de Brunswick, etc.

Et toutes ces opérations, que nous considérons comme périlleuses, se sont faites, disait M. d'Argout, sans la moindre perturbation et avec si peu de sensation, qu'aucun journal français n'en a parlé.

Et nous, qu'avons-nous fait ?

« Au 1er janvier 1814, la dette fondée s'élevait à 62 ou 63 millions en intérêt et à 1,266 millions en capital. A combien est elle aujourd'hui ? A 195 millions d'intérêts et au capital de quatre milliards. 300 millions, y compris les Rentes appartenant à l'amortissement. Il est vrai qu'on a eu à supporter les charges de deux invasions et l'arriéré. Ces charges se sont élevées à 95 millions de Rentes et au capital d'un milliard 913 millions ; d'où il suit que, pendant 24 années de paix, non seulement nous n'avons pas amorti une obole des dettes de la guerre, mais encore que nous y avons ajouté environ 1,200 millions, ou 500 millions seulement si nous faisons déduction des Rentes acquises par l'amortissement. » *(Discours de M. d'Argout à la chambre des pairs, 1838).*

Mais prenez garde : vous allez ébranler le crédit public,

C'est là une de ces objections banales qui ne soutiennent pas l'épreuve du plus simple raisonnement.

Comment ! un débiteur diminuerait son crédit, parce que, remplissant religieusement toutes les conditions de son emprunt, il réduirait le chiffre de sa dette, et l'Etat ébranlerait le sien en offrant 100 fr. quand il n'a reçu que 73 ! Mais qu'est-ce donc que le crédit sinon l'opinion qu'inspire un Etat comme un particulier qu'il pourra ou voudra payer ce qu'il doit ? Jamais la crainte d'un remboursement intégral a-t-elle fait reculer un prêteur ?

Sait-on ce qui pourrait ébranler et ruiner le crédit public ? Ce serait une progression constante de la dette publique ; ce serait en regard du bénéfice perpétuel des porteurs de Rentes des emprunts indéfiniment renouvelés et amenant un déficit que l'impôt lui-même serait impuissant à combler.

« Le crédit public, Messieurs, disait M. Humann, est aux mêmes conditions pour les nations que pour les individus. La confiance s'éloigne d'une maison de banque qui garde des fonds à gros intérêts. De même une nation se discrédite en maintenant à ses créanciers un revenu excessif. S'il est vrai que le crédit soit devenu un élément de puissance, devons-nous nous contenter de le posséder comme une ressource toujours onéreuse, comme un expédient à tout prix. Est-il digne de la France de demeurer en infériorité, sous ce rapport, vis-à-vis des puissances de l'Europe et même vis-à-vis des Etats d'Allemagne de 3e ordre ?

« On a prétendu que la tentative de diminuer le poids de la dette pourrait compromettre le crédit. L'objection est sans valeur. L'Angleterre a réduit l'intérêt de ses Rentes à trois reprises en vingt années. La confiance en a-t-elle été affaiblie ? Loin de là : le 3 p. o/o y est à 94, et chez nous, il s'arrête à 80. »

La conversion est-elle juste ?

En matière de dépenses publiques, la justice sociale consiste à acquitter religieusement ce que l'Etat peut devoir, mais rien au-delà. Si l'on paie plus aux uns, il faut imposer plus aux autres ; car le revenu public ne se compose que d'une grande cotisation dont le gouvernement est le régisseur.

Quel ministre oserait, si le terme d'un traité était arrivé ou avait été laissé à sa discrétion, repousser des conditions plus favorables qui lui seraient offertes ? Quel fournisseur songerait

à se plaindre de ne pas avoir, dans ce cas, obtenu la continuation de son marché? Quel débiteur consentirait à payer
5 p. 0⁄0 lorsqu'il trouve de l'argent à 4? Les rentiers pourraient-ils avoir plus de prérogatives que les autres créanciers?
Pour les uns comme pour les autres, ce qui leur serait indûment laissé serait pris à tous : il y aurait faveur et privilége
pour eux, lésion pour le reste de la nation.

Laissons encore ici parler le ministre que nous nous plaisons à citer :

« Pour contenter les adversaires de la conversion, il faudrait assurer aux
rentiers un revenu inviolable. Mais à quel titre leur attribuerez-vous cette
immutabilité de revenu? Ceux qui placent leurs fonds sur des effets à
termes, sur des bons du Trésor, par exemple, n'ont-ils pas vu leur revenu
décroître? La concurrence n'abaisse-t-elle pas incessamment les bénéfices
de l'industrie? Et qui donc dédommage le laboureur quand le bas prix des
denrées trompe ses calculs ou que l'intempérie des saisons détruit ses espérances? (Mouvement.) Vous parlez de souffrances et de douleurs. Mais vous
imaginez-vous que cette triste condition de l'humanité n'atteint que les
porteurs de Rentes? Savez-vous le surcroît de misère qui se révèle dans
nos campagnes quand vous aggravez le poids des charges publiques? (Nouvelle sensation.) Il vous est loisible sans doute, il vous est honorable de
faire de la philantropie locale ; mais l'homme associé au gouvernement,
celui surtout qui est chargé de la pénible mission d'administrer les finances,
doit être juste envers tous, et le serait-il, je vous le demande, s'il pratiquait
votre théorie, de faire payer trop aux contribuables, afin d'accroître les
consommations des rentiers. » *(Moniteur).*

Que pourrait-on ajouter à ces paroles éloquentes, et de
quoi se plaindraient les rentiers? On dirait, à les entendre,
qu'il s'agit de réduire arbitrairement leur créance. Mais il
ne s'agit que de leur payer en entier, non seulement le capital réel qu'ils ont prêté, mais aussi le capital fictif qui a été
consenti par l'Etat; il s'agit de restituer la somme reçue, avec
une addition de 37 p. 0⁄0. Est-ce là une injustice?

Le revenu du rentier mérite-t-il plus de faveur que le pécule de l'ouvrier et l'obole de la veuve, et oublie-t-on que les
caisses d'épargnes ne paient que 4 p. 0⁄0? Leur création n'en
a pas moins été considérée comme un immense bienfait en
faveur de la classe pauvre.

On impose depuis 25 ans au pays une somme annuelle de
40 à 45 millions pour la caisse d'amortissement. Le résultat

de cette dépense énorme a été de porter à 120, au profit des rentiers, le capital de 73 en moyenne prêté par eux. Cette caisse a reçu en propriété tous les bois de l'Etat; 120 mille hectares en ont été vendus pour elle, et elle est dotée, en outre, des Rentes qu'elle a rachetées.

Et lorsque les contribuables réclament le prix si long-temps attendu de tant de sacrifices, on viendrait leur dire : Arrêtez-vous donc ; attendez encore : vous avez une classe de rentiers qui pourrait souffrir ou du moins éprouver de la gêne !

Eh bien ! puisqu'on nous parle des souffrances du grand-livre, nous allons essayer de dérouler celles du cadastre. Nous mettrons en regard les priviléges des rentiers et les charges des propriétaires fonciers : on pourra comparer et juger.

« On a fait mettre sous vos yeux, disait M. Humann en 1838, la statistique du grand-livre. Je regrette que la statistique de l'impôt territorial n'ait pas été imprimée en regard. »

C'est ce désir du ministre que nous allons tâcher de remplir, regrettant à notre tour que le tableau qui va suivre ne soit pas plus complet et n'ait pas été tracé par une main plus habile.

M. Humann ajoutait :

« Le rapprochement eût été instructif. Vous auriez vu que la somme totale de l'impôt foncier est maintenant répartie entre 10,500,000 cotes contributives, dont plus de 8,500,000 ne sont que de 20 fr. et au-dessous. Comparez ces chiffres à ceux de la statistique du grand-livre, et voyez si ces 8,500,000 petits propriétaires n'ont pas autant de titres à notre intérêt que 45,000 rentiers dont les inscriptions ne dépassent pas pour chacun 100 fr. de Rentes. D'abord les inscriptions de cette faible somme sont-elles la mesure réelle de l'aisance des familles?

« Qui ne sait que la plupart des rentiers possèdent la Rente comme un revenu accessoire, comme un capital en réserve? Telle n'est pas la situation des cultivateurs, dont l'impôt foncier ne s'élève qu'à 20 f. au plus. Pour eux, point de revenu accessoire, point de capital en réserve : les chétives pièces de terre qu'ils cultivent sont toute leur fortune, leur unique ressource, et lorsqu'un accident endommage ou détruit leurs récoltes, combien ne doivent-ils pas envier la situation de ces heureux du grand-livre dont la fortune est à l'abri de l'inclémence des saisons et de l'impitoyable exigence des créanciers ! »

PRIVILÉGES ATTACHÉS AUX RENTES

et

COMPARAISON ENTRE LES RENTIERS ET LES PROPRIÉTAIRES FONCIERS.

LETTRE DEUXIÈME.

On n'est généralement très-frappé dans nos provinces que du haut intérêt perçu par les rentiers, en le comparant surtout au modique revenu que retire un cultivateur d'une terre souvent ingrate ; mais il est d'autres genres de faveurs attachés aux Rentes qui ne méritent pas moins d'être pris en considération.

Tandis que le génie fiscal exploite les revenus de tous les contribuables, les Rentes sont mises à l'abri de toutes ses atteintes.

1° Elles sont exemptes de contribution.

Telle n'avait pas été, remarquons-le bien, l'intention de leur fondateur. Le système, au contraire, de la loi du 24 août 1793 qui les a organisées, fut de les soumettre à l'impôt comme toutes les autres propriétés.

« Dans un gouvernement libre, qui a pour base l'égalité, disait le rapporteur, toutes les fortunes doivent contribuer aux dépenses publiques. Aucun porte-feuilles ne pourra plus désormais nous échapper. Le grand-livre de la dette sera comme un cadastre des fortunes, d'après lequel l'impôt pourra être réparti avec justesse et même avec plus d'égalité que sur les fonds territoriaux. »

En conséquence, l'article 111 de la loi portait :

« Toute la dette publique inscrite sur le grand-livre sera assujétie au principal de la contribution foncière. »

L'article 112 ajoutait que le paiement de cette contribution serait fait par une retenue sur les feuilles du paiement. Or, à cette époque, le principal de la contribution foncière était le cinquième du revenu. En l'an 6, il était du quart. La loi était suivie du modèle de la feuille de paiement, sur lequel on lisait cet exemple :

Montant de l'inscription...................... 1,200 ʳ
Retenue. 240
Montant du paiement....................... 960

2° La transmission des Rentes est affranchie des droits, aussi bien que des formalités qu'entraîne tout autre transmission de propriété.

Ainsi point de droit de vente, donation ou succession.

Telle n'avait pas été non plus la volonté de la même loi; car elle ordonnait par son article 164 que le transfert ou la mutation de la Rente serait assujéti à un droit d'enregistrement des deux cinquièmes de l'inscription, 2 p. 0/0 du capital, ce qui procurera, disait le rapporteur, une augmentation de recette au Trésor. Il ajoutait qu'auparavant, les cessions de titre étaient soumises à six espèces de droits différents remplacés par ce droit unique.

3° Nul genre de placement n'est plus facile ni plus généralement connu. Les journaux avertissent chaque matin du taux auquel il peut s'effectuer.

4° Il n'en est pas qui exige moins de capacité dans le prêteur ni qui l'expose moins aux chances de la mauvaise foi.

5° Il réunit tous les avantages d'un effet au porteur, dégagé des risques nombreux qui en accompagnent la possession.

6° Il est également ouvert à toutes les fortunes grandes et petites. On en fait usage sans mettre le public dans sa confidence. Rien n'est plus commode pour ceux qui voudraient cacher des gains dont on pourrait soupçonner la pureté.

7° Il a lieu presque sans frais. Les seuls frais sont les droits de courtage de l'agent de change, qui sont très-peu considérables (0,12 c. par 100 fr.), et qui néanmoins, à raison du grand nombre des opérations de la Bourse, produisent à la plupart de ces fonctionnaires plus de 100 mille francs de

Rente. Sous l'empire de la loi de 1793, il fallait recourir pour le transfert au ministère d'un notaire ou d'un juge de paix.

8. Les rentiers sont toujours assurés de vendre leurs inscriptions au moment où ils le voudront, et cette assurance les met à l'abri de la vive inquiétude qui tourmente tant de propriétaires fonciers sur la manière dont ils pourront acquitter leurs obligations. Si la Rente offre quelquefois des chances de perte par la baisse, il y a aussi chance de bénéfice par la hausse, et dès-lors compensation.

9° Enfin, et c'est ici peut-être la faveur la plus remarquable dont jouissent les Rentes, elles sont *insaisissables*, *intérêt et capital*, en sorte qu'un créancier de l'Etat, criblé de dettes, pourrait manger tranquillement ses revenus et braver impunément ses propres créanciers. Ce dernier privilége est tellement exorbitant, qu'il peut devenir une prime ouverte à la mauvaise foi.

Et remarquons le bien encore, la loi organique des Rentes ne l'avait pas accordé aux rentiers; elle renfermait, au contraire, un article ainsi conçu : Il pourra être formé sur le grand-livre de la dette publique deux sortes d'oppositions, les unes sur le remboursement ou l'aliénation de la propriété, les autres sur le paiement annuel. Les articles suivants traçaient la marche à suivre pour ces deux sortes d'oppositions.

Ce sont les lois postérieures qui, pour procurer à l'Etat des fonds à tout prix, ont accordé à la Rente les énormes faveurs dont elle jouit aujourd'hui.

Nous insistons sur ces différences entre la position actuell des rentiers et celle que leur avait faite la loi de 1793 , parc qu'ils ne cessent d'invoquer en leur faveur cette loi qu'il considèrent comme leur charte.

Tant d'avantages sont appréciables, et n'avions-nous pa raison de dire qu'ils équivalent à 2 ou 3 p. % en sus d l'intérêt que l'Etat paie aux rentiers !

Comparons-les maintenant aux charges dont sont grevé les propriétaires fonciers.

Tandis que la Rente s'acquiert, se conserve, se transmet exempte de tout droit, de toute retenue, de toute charge, si vous êtes propriétaire foncier, que vous récoltiez, que vous vendiez, que vous receviez à titre onéreux, à titre gratuit, à titre d'échange, à titre successif, le fisc, sentinelle vigilante, est toujours là pour prélever son tribut.

Que les chambres élèvent le chiffre du budget ; que des centimes additionnels aux contributions directes soient par elle votés ; que les conseils généraux viennent imposer aux départements d'autres centimes facultatifs, extraordinaires, ou bien des emprunts qui grèveront leur avenir (*) ; que les conseils municipaux frappent à leur tour leurs concitoyens de nouvelles charges communales ; que des prestations en nature soient imposées au cultivateur, en raison du nombre de ses attelages ; qu'un dixième en sus soit ajouté au droit de mutation des immeubles en temps de guerre et maintenu pendant la paix ; que ces centimes ajoutés et sur-ajoutés doublent quelquefois la somme de l'impôt, la propriété foncière en supportera peut-être les 4/5, tandis que, mis hors des charges communes, le rentier pourrait se dire comme le rat de la fable :

« Les choses d'ici-bas ne me regardent plus. »

Qu'une gelée, une sécheresse, des pluies continuelles viennent ravir au cultivateur l'espoir de sa récolte ; qu'une grêle détruise en un jour l'ouvrage de son année ; qu'une épizootie donne la mort à ses bestiaux ; qu'une loi d'humanité vienne imposer aux contribuables un juste sacrifice en faveur de plusieurs provinces victimes d'une affreuse inondation, sans

---

(*) Dans le département du Lot, par exemple, le chiffre de l'impôt, fixé à 1,256,825 fr., s'élève avec les centimes additionnels à 2,221,529 fr., non compris les centimes extraordinaires votés par un grand nombre de communes. Ce département est, en outre, grevé d'un emprunt qui s'élèvera au chiffre de 1,141,800 fr.

doute le rentier voudra lui aussi contribuer au soulagement de tant de misères, mais son revenu n'en recevra pas *légalement* la plus légère atteinte.

« Il existe, disait M. Gouin, une distance énorme entre le rentier et le contribuable. Le premier, presque en dehors de l'État, ne supporte aucune charge ; il jouit de tous les avantages, de toutes les améliorations qui sont obtenues avec les impôts que l'on exige de son adversaire. »

Et c'est en présence de priviléges semblables qu'on voudrait priver l'État du seul droit qu'il se soit réservé, celui de réduire l'intérêt de sa dette, et du seul moyen d'atteindre le revenu des rentiers, conformément à l'art. 2 de la charte, qui veut que *tous les Français contribuent indistinctement aux charges publiques !*

Mais comptez-vous pour rien, dira-t-on, le danger de perdre son capital dans une révolution ou du moins d'essuyer un nouveau tiers-consolidé ?

Sans doute la chose n'est pas impossible, mais, après tout, l'État est encore le débiteur le moins faillible. La fortune publique est l'hypothèque de son engagement. Quand son crédit est ébranlé, celui des particuliers ne l'est pas moins, soit à raison des crises commerciales que ce discrédit ne manque jamais de produire, soit à cause des commotions politiques qui peuvent mettre en péril la propriété foncière elle-même. Les lois qui confisquaient les biens des proscrits et *faisaient battre monnaie sur la Place de la Révolution*, ces lois odieuses avaient précédé celles qui consacraient en partie l'injuste spoliation des rentiers.

Maintenant, nous le demandons, comment le rentier se résoudrait il à changer sa position si douce contre celle de propriétaire foncier ?

Supposons qu'il ait surmonté toutes les craintes que peut lui inspirer sur la solidité d'une acquisition immobilière l'inextricable dédale de notre système hypothécaire ; ne reculera-t-il pas devant les droits d'enregistrement du contrat de vente ? Ne demandera-t-il pas souvent à son vendeur une diminution de prix motivée sur l'énormité de ces droits, diminution que celui-ci sera bien forcé de lui accorder, sous peine de garder son immeuble? Et si le rentier ne l'obtient pas, cette dernière considération réunie à tant d'autres ne lui fera-t-elle pas écouter la voix de la prudence qui lui criait : Qu'allez-vous faire? vous allez diminuer votre revenu de moitié; vous allez vous exposer peut-être aux chances d'un procès qui troublera vos jours naguère si paisibles; vous allez compromettre votre fortune, perdre votre repos en vous donnant tous les ennuis d'une surveillance de tous les instants; vous mettre à la merci d'une foule de salariés infidèles, user votre santé dans les détails minutieux et sans cesse renaissants d'une exploitation pénible et fatigante; et lorsque, dégoûté de cette gestion qui vous avait d'abord souri, vous voudrez affermer cet immeuble devenu pour vous un lourd fardeau, que trouverez-vous? un fermage inférieur de moitié au loyer que vous rapportait votre argent, avec la chance de voir votre bien dégradé pendant la durée du bail, et tandis que tous les six mois votre intérêt de 5 p. 0/0 vous arrivait à époque fixe sans un jour de retard, vos fermiers vous feront attendre vos revenus des années entières, et touché de leur misère, vous n'oserez souvent exercer contre eux de rigoureuses poursuites.

Et ces réflexions, qui se présentent naturellement aux rentiers, ne frapperont-elles pas également le capitaliste hésitant entre un achat de Rentes et une acquisition d'immeuble?

Nous avons dit que les Rentes étaient affranchies de tout droit de mutation et de succession; pour mieux faire sentir quelle immense faveur cette exemption leur accorde, surtout relativement aux propriétés immobilières, nous donnerons un aperçu de quelques-uns des droits qui frappent les mutations de ces propriétés.

Nota. Tous les chiffres ci-dessous doivent être augmentés d'un dixième.

Vente. . . . . 5ᶠ 50 c. p. 100ᶠ.

Donations d'immeublee en ligne directe, par contrat de mariage. 2 75

Hors ce contrat..................................... 4$^\text{f}$ »$^\text{c}$ p. 100 f.

Entre frère et sœur, oncle et neveu........ 6 50

Entre grand-oncle, petit-neveu ou cousin-
germain..................................... 7 »

Entre parent au-delà du 4$^\text{e}$ degré........... 8 »

Entre non parents......................... 9 »

SUCCESSION :

Entre frères et sœurs.................... 6 fr. 50 c.
Ce qui fait avec le décime.............. 7   15 p. 0/0.

Arrêtons-nous à ce dernier chiffre, et supposons un cas qui n'est que trop fréquent : un père de famille, propriétaire sèulement d'un immenble de 1,000 fr., vient à mourir laissant trois enfants qui, dans la même anuée, le suivent au tombeau; la malheureuse mère tutrice sera tenue de payer à la régie, dans l'espace de quelques mois, la somme de 153 francs, près d'un 6$^\text{e}$ de la succession. Si son mari avait laissé 1C,000 f., le droit du fisc eût été de 1,530 fr.

Au-delà du deuxième et troisième degré, les droits de succession sont comme pour les donations en collatérale, 7, 8 ou 9 p. 0/0.

Veut-on un autre exemple de l'exigeance de nos lois fiscales? Un fils de famille recueille une succession immobilière de 100,000 fr. grevée d'un passif de même somme. Par respect pour la mémoire de son père, il ne veut point la répudier. Eh bien ! aucune dette ne sera déduite de l'actif à l'égard de la régie; l'héritier sera tenu de payer les droits successifs sur la valeur entière de 100,000 fr.

Pour comprendre toute la gêne que doit éprouver la propriété foncière, il faut se rendre un compte exact de l'élévation de l'impôt territorial, réunir pour cela toutes les sommes que paie à l'Etat cette propriété sous divers titres, et rappeler les charges particulières dont elle est grevée vis-à-vis de ses propres créanciers. Nous prendrons pour guides dans cette étude deux savants rapports faits à la chambre des députés, l'un par M. Gouin, l'autre par M. Ducos, et l'excellent ouvrage de M. d'Audiffret, intitulé : *Système financier de la France.*

Voici les charges fiscales de la propriété foncière dans ces dernières années :

1° 264 Millions de contributions directes ; 2° 29 millions pour les portes et fenêtres ; 3° 133 millions d'enregistrement et d'hypothèques ; 4° 24 millions de timbre et de greffe qui s'appliquent aux transactions immobilières. Total, 450 milmillions que paye la propriété foncière au Trésor, aux départements et aux communes.

Les impôts établis sur cette propriété s'élèveront en 1842 à plus de 470 millions ; mais ceci provient de contributions établies sur des propriétés nouvelles, et non d'une augmentation sur les propriétés déjà imposées.

Les propriétaires fonciers paient, en outre, leur cote personnelle et leur cote mobilière. Il faut observer aussi que les charges de la propriété foncière, forcément acquittées par elles, s'augmentent de toute sa *participation dans les consommations et les jouissances taxées* (*).

« Le simple résumé de ces chiffres opposerait, dit M. d'Audiffret, une réponse péremptoire aux hommes envieux de la prospérité générale qui, dans un temps où la richesse publique est devenue la conquête du travail et de l'économie, où le champ qu'il fertilise est plus généralement le bien du pauvre que celui du riche, s'obstinent encore à considérer la propriété foncière comme un privilége préjudiciable à l'aisance de tous et sur lequel on ne saurait trop rejeter le poids des sacrifices de la société. »

Certains écrivains, en effet, traitent aujourd'hui la propriété foncière comme si elle était le monopole d'une insolente aristocratie. Il suffirait pour les réfuter de rappeler quelques autres chiffres plus éloquents que toutes les déclamations.

En 1835, on comptait en France 10,894,000 cotes foncières. Sur ce nombre, 5,206,000 étaient déjà descendues au-des-

---

(*) Témoin l'impôt sur le sel dont elle paye plus des 3/4.

sous de 5 fr. ; 1,752,000 de 5 à 10 fr. ; 1,514,000 de 10 à 20 fr. , et 13,371 seulement étaient de 1,000 fr. et au-dessus.

Le nombre de ces cotes s'est augmenté de 675,000, de 1826 à 1832. De 1816 à 1832, quinze mille familles ont été appelées chaque année à prendre part à la propriété.

La division des propriétés est bien plus grande dans les campagnes que dans les villes. A Paris, sur 24 cotes foncières, on compte trois propriétaires, tandis que, dans les départements agricoles, 21 cotes sont partagées entre seize à dix-sept. Cette division se fait avec une rapidité telle, qu'il se forme chaque année, depuis 1826, soixante mille cotes foncières nouvelles (*), et certes nous sommes loin de nous en plaindre.

Le petit propriétaire travaille son champ avec soin ; il ne laisse pas un coin de terre sans le faire produire.

« Quatre ou cinq arpens de terre bien cultivés, dit M. Chaptal, suffisent à l'entretien d'une famille, tandis que cinquante dans une grande peuvent en nourrir cinq à six. Sous le rapport moral et politique, la division des propriétés n'est pas moins avantageuse. Le prolétaire n'a pas de patrie ; il ne reste fixé sur un point que par habitude ; ses moyens d'existence sont partout où il peut occuper ses bras ; les lois ne sont pour lui qu'un mode d'oppression. Le désordre, l'insurrection, lui offrent des chances favorables pour améliorer son sort. La propriété, quelle qu'en soit l'étendue, en attachant au sol, fait qu'on aime le gouvernement qui la protége, la loi qui la garantit. »

La cause que nous défendons est donc celle de 24 millions d'individus, car il existe en France près de 5 millions de chefs de familles propriétaires fonciers ; mais de ce grand morcellement des propriétés résulte la nécessité de ménager autant que possible ce genre de masse imposable. Il est établi aujourd'hui que plus des deux tiers de la contribution foncière sont supportés par des chefs de familles ayant moins de mille francs de revenu. Toute augmentation d'impôt ne peut donc porter que sur le nécessaire ; elle ne peut se prendre sur un superflu qui n'existe pas ; c'est sur la portion

---

(*) Voir un discours de M. Rambuteau, préfet de la Seine, à la chambre des députés, en 1833.

reproductive qu'est prélevée cette contribution nouvelle. Il faut connaître la détresse qui règne chez un grand nombre de nos propriétaires pour apprécier combien quelques nouveaux centimes additionnels peuvent leur devenir onéreux alors que l'impôt doit être acquitté avant qu'ils aient pu réaliser en argent les récoltes afférentes à chaque exercice : ils sont quelquefois obligés d'ajourner une amélioration, une réparation, une construction indispensable. On l'a dit depuis long-temps : une aggravation d'impôt équivaut à une diminution de la valeur des objets imposés.

L'état stationnaire n'existe guère en agriculture. Il est une foule de dépenses qui ne peuvent été négligées sans une détérioration notable de l'immeuble. Le propriétaire le comprend, et il se résout à des emprunts dont une mauvaise récolte, la mortalité des animaux d'un domaine et mille autres accidents amènent d'ailleurs trop souvent pour lui la nécessité.

C'est ici qu'apparaît encore la dure position que nos lois fiscales ont faite à la propriété immobilière.

Supposons un agriculteur ayant besoin de 300 fr. et ne pouvant les trouver sans fournir une hypothèque. Les droits et frais qu'entraînera cet emprunt s'élèveront avec l'intérêt, pour un an, et les frais de sa libération, à plus de 45 fr. qui diminueront ainsi de près d'un sixième la somme empruntée. (Voir la liquidation de ces frais dans le *Système Financier* de M. d'Audiffret, page 27). Or, il existe en France 250 mille prêts hypothécaires de 300 fr. et au-dessous, dont la plus longue durée est de deux ans. *(Ibid)*.

Nous avons parlé des propriétés foncières en général; que dirons-nous des vignobles? On sait les impôts particuliers qui pèsent sur ce genre de culture.

Voici les plaintes que le conseil général du Lot faisait entendre à leur sujet.

Après avoir rappelé que le propriétaire retire à peine en argent du produit de ses vignes le tiers de ce qu'il en recueillait autrefois, ce conseil ajoutait :

« Est-il équitable qu'une terre dont le revenu n'est plus que de 1,000 fr., absorbé par les frais de culture, paie autant qu'à l'époque où le revenu brut étant de 3,000 fr. 2,000 restaient comme revenu net entre les mains du propriétaire?

« L'injustice est ici d'autant plus manifeste, que la détérioration du revenu ainsi que du capital est le résultat inévitable et, en quelque sorte, le fait matériel de notre législation.

« C'est la loi qui, en repoussant à nos frontières par des droits prohibitifs un grand nombre de produits étrangers, a provoqué de la part de tous les peuples de l'Europe des droits pareils contre nos vins, et en a fait cesser l'exportation ; c'est la loi qui, par le droit de mouvement le plus préjudiciable comme le plus inutile de tous ceux qui composent en si grand nombre les contributions indirectes sur les boissons, a rendu si onéreuse et si périlleuse la circulation des vins, que, pour en éviter les frais et dangers, on a planté des vignes dans les parties de la France où cette culture convient le moins. » (*Procès-Verbal, p.* 41).

Loin de nous la pensée que le Trésor puisse se priver des 84 millions produits par l'impôt sur les boissons ; mais nous croyons, et c'est l'opinion de financiers habiles, qu'il serait possible d'adopter un système de perception qui ne fît pas tomber sur le producteur, déjà frappé de l'inévitable contribution directe, la charge facultative de celui qui se soumet volontairement à l'action du tarif par l'achat de cette boisson. Ainsi cette action ne devrait commencer que lorsque le propriétaire se dessaisit des fruits de sa récolte. Il faudrait encore qu'elle fût assez habilement exercée pour ne pas entraver ou ralentir l'écoulement de cette marchandise et pour ne pas en grever le prix par une fiscalité trop exigeante qui en avilit la valeur vénale jusque dans les celliers du cultivateur. (*D'Audiffret et Rapport de M. de Chabrol*).

Terminons cet exposé des charges fiscales de la propriété foncière par ces paroles remarquables du savant financier que nous avons cité :

« Les 450 millions que nous venons de récapituler doivent avertir le pays le plus agricole qu'il importe de ne pas réduire outre mesure les revenus affectés aux salaires de la plus grande partie de la population, et qu'en restreignant trop les fruits de la culture au profit du Trésor, on décourage des améliorations qui assurent le pain de l'indigence et concourent au bien-être de toutes les classes laborieuses.

« Il serait juste aussi de se rappeler, en préparant les voies et moyens du budget de chaque exercice, que la propriété foncière supporte aujourd'hui plus de la moitié des charges publiques pour le paiement des impôts directs, *en même temps qu'elle prend une part très-large dans toutes les autres contributions*, et que, par l'effet des partages héréditaires, de la fréquence des échanges et des droits de toute espèce qui grèvent le patrimoine immobilier des familles, *son capital fait tout entier retour aux caisses du Trésor dans l'espace de moins d'un siècle ou de trois générations.* »

Les charges que nous avons énumérées ne sont pas malheureusement les seules qui pèsent sur la propriété foncière.

« Des documents extrêmement précieux, disait M. Gouin (rapport cité), qui nous ont été communiqués par l'administration générale des domaines, nous ont fait connaître jusqu'à quel point la propriété, en France, était possédée à titre onéreux. Le relevé général des hypothèques inscrites présente un total de 4,987,862 inscriptions pour un capital de *onze milliards* deux cent trente-trois millions deux cent soixante mille sept cent dix francs payant un intérêt annuel de 561,665,280 fr., *calculé seulement au taux de* 5 *p.* 0/0. Si nous réunissons cette somme à celle établie ci-dessus à titre d'impôt, nous aurons un total de près d'un milliard sur un revenu évalué par l'administration à seize cents millions.

« Ce tableau, susceptible de faire naître de pénibles réflexions, suffit sans doute pour montrer combien tout accroissement sur la contribution foncière est aujourd'hui difficile. C'est une ressource que nous devons ménager si nous voulons la retrouver dans les moments de calamité. »

Si l'on objecte qu'il y a exagération dans les sommes fixées par les inscriptions et que nombre de celles-ci devraient être rayées ; qu'il y a de nombreuses hypothèques en garantie, nous répondrons : 1° qu'il existe un nombre infini d'hypothèques légales *non inscrites*, puisque chaque mariage ou chaque tutelle produit une hypothèque de cette nature ; 2° qu'il existe encore plus de dettes chirographaires ou ne conférant pas hypothèque. Il y a donc largement compensation.

D'autres sacrifices pèsent encore très-lourdement sur l'agriculture. Des calculs modérés et fondés sur la vérification des faits ont établi que les frais annuels résultant de notre régime hypothécaire et des redevances des officiers publics ajoutent à toutes les charges précédentes une charge nouvelle de plus de 100 millions. *(D'Audiffret).*

En résumé, la charge de 450 millions d'impôt de toute nature établis sur la propriété foncière ; celle de 100 millions pour la rédaction des actes authentiques ; la part que cette propriété prend aux objets soumis à l'impôt indirect ; enfin les intérêts hypothécaires montant à plus de 500 millions, prélèvent chaque année plus de 1,100 millions sur un revenu territorial dont le chiffre officiel n'était en 1839 que de 1,580 millions. (Voir le Rapport de M. Ducos, 9 juillet 1839).

Il reste donc à peine aux propriétaires fonciers le tiers des produits de leurs capitaux, de leur travail et de leur industrie. Cette dernière conséquence pourrait, dit encore M. d'Audiffret, être envisagée sous un autre point de vue, mais sans que la rigueur de son résultat fût adoucie, si l'on considérait que la dette inscrite sur les immeubles est une sorte d'aliénation anticipée et que les anciens possesseurs sont dé à expropriés dans l'avenir et appauvris de tous les milliards qui grèvent effectivement leurs domaines au profit de leurs créanciers.

On n'évalue guère à plus de 40 milliards le total de la propriété foncière. C'est donc plus du quart de la valeur des immeubles qui appartient à d'autres qu'à leurs détenteurs actuels.

Nous avons dit aussi que le rentier était assuré de vendre son titre quand il le voudrait. C'est ici que ressort encore une immense différence entre sa position et celle du propriétaire foncier.

Personne n'ignore la difficulté qu'on éprouve souvent à vendre un immeuble, surtout quand il est grevé d'hypothèques. Cependant le propriétaire sent la nécessité de se libérer, il met son bien en vente, mais combien peu d'acquéreurs oseront s'exposer aux chances d'un procès? Que fera dès-lors le débiteur? Ne pouvant trouver de son immeuble qu'un prix inférieur d'un quart ou d'un tiers à sa valeur, prix d'ailleurs qu'on se gardera bien de lui payer, il finira par se résigner à ne pas le vendre, et préférera servir encore des intérêts de 5 à 12 p. 0/0, car les usuriers ne manqueront pas de profiter de sa détresse, tandis que son bien continuera de lui rapporter 2 1/2 p. 0/0. Quel sera le résultat final, sinon la ruine du malheureux propriétaire?

Le créancier veut pourtant être payé. Alors commence la longue série des actes de contrainte que les lois lui ont ou-

verte : jugement de condamnation , commandement ; saisies-
arrêts pour les choses mobilières ; saisies-brandons pour les
fruits ; expropriation forcée pour les immeubles , précédée
de notifications diverses et actes d'avoué se succédant sur le
débiteur comme les grêlons sur sa récolte ; jugement prépa-
ratoire, jugement d'adjudication, le tout donnant ouverture
à autant de droits d'enregistrement, dont plusieurs sont pro-
portionnels ; et enfin vente de l'immeuble au prix bien connu
des expropriations. Le rentier, nous l'avons déjà dit, n'aura,
lui, rien à démêler avec les officiers ministériels , rien à re-
douter des mandats de la justice.

Assurément nous ne venons pas inculper une législation
qui protége l'exécution des contrats, mais nous ne saurions
nous empêcher de plaindre souvent un propriétaire sur lequel
vient fondre cette nuée de frais énormes qui consommeront
une partie de son patrimoine sans assurer toujours le paiement
intégral de ses créanciers et dans lesquels les droits du fisc en-
trent pour une si large part. Nous ne saurions non plus ne
pas trouver immorale une loi qui met une partie des débi-
teurs hors du droit commun.

Quel est donc le moyen, je ne dis pas de rétablir l'équilibre
entre la Rente et la propriété foncière, mais enfin de ra-
mener quelques faveurs vers des biens que nos lois semblent
avoir frappés de tous les genres de charges publiques ?

Evidemment, s'il en est un, il consiste à réduire l'intérêt
des créances sur l'Etat, et à diminuer ainsi l'appât qui
porte les capitaux vers les effets publics, en attendant qu'on
puisse rendre ces biens moins onéreux à leurs possesseurs
par une réduction des impôts dont ils sont grevés.

L'effet de la conversion devant être, ainsi que nous espérons l'établir, d'appeler les capitaux vers l'agriculture, on
donnerait ainsi indirectement à des sommes énormes qui
vont tous les jours se perdre dans des spéculations de Bourse,
sans profit pour le Trésor et le pays, un but plus moral et
surtout plus utile à la société.

Quel avantage, en effet, la société peut-elle retirer de cette fièvre dévorante qui jette tant d'or dans le gouffre de l'agiotage ? Où est le bien public dans ces paris immoraux appelés *marchés à terme*, pour lesquels la loi rougirait d'accorder une action ? Cette circulation, semblable à celle des jetons sur une table, n'est-elle pas entièrement stérile pour l'État, et ces immenses capitaux ne seraient-ils pas mieux placés dans d'autres spéculations lentes, mais durables, telles qu'entreprises agricoles ou grands travaux publics ?

On ne saurait trop le répéter : en France, l'agriculture est la source de la richesse du pays et du bien-être de ses habitants : c'est elle qui crée à elle seule des valeurs dix fois plus considérables que toutes les autres branches d'industrie réunies ; qui couvre toute la surface du royaume d'une vaste manufacture dans laquelle se créent les produits qui servent à alimenter toutes les classes de citoyens, à les vêtir, à leur fournir toutes les commodités de la vie, et qui produit, en outre, une masse énorme d'objets destinés à alimenter notre commerce avec les autres nations. (Dombasle). L'éclat dont brille un État par l'industrie des ateliers peut être passager. La prospérité qui repose sur une bonne culture du sol est seule durable. Cette vérité doit éclairer et dominer tout système de législation sur les impôts.

Un gouvernement qui connaît ses vrais intérêts doit donc protéger la propriété foncière et modérer l'impôt, de manière qu'il ne prenne au propriétaire qu'une portion de ce qui excède ses besoins ; car si ce propriétaire est surchargé, il ne lui reste ni le pouvoir de fournir largement à l'entretien de sa famille, ni la possibilité de renouveler ses bestiaux et d'en augmenter le nombre. Tout gouvernement qui ne laisse pas à l'agriculture une grande partie des bénéfices qu'elle fait sur ses récoltes tarit bientôt la production, et réalise *la fiction de la poule aux œufs d'or*. (Chaptal).

Les deux lettres suivantes seront destinées à démontrer :

Que la Conversion des Rentes est nécessaire et urgente ;

Que si elle n'avait lieu dans une des plus prochaines années, elle deviendrait à peu près impossible par la situation financière que nous créeront nos grands travaux publics et par les difficultés morales que susciterait l'élévation croissante du 5 p. %, si, comme nous l'espérons, la paix continue à régner à l'intérieur et à l'extérieur, sans parler des éventualités contraires qui pourraient faire tomber ce fonds au-dessous du pair et rendraient ainsi l'opération plus impossible encore;

Que, malgré le chiffre élevé de nos déficits, elle serait encore possible aujourd'hui, et nous puiserons les motifs de cette conviction dans les faits et dans les discours de nos meilleurs financiers, surtout dans ceux du ministre qui, pendant près de six ans, a dirigé nos finances, et dont la France déplore la perte récente. Nous prouverons que les circonstances qui rendaient, à leur avis, l'opération facile, à l'époque où ils ont prononcé ces discours, ne seraient pas moins favorables en ce moment.

Nous établirons par le langage à peu près unanime des adversaires comme des partisans de la mesure qu'il est moralement impossible que les rentiers acceptent le remboursement, et que, si, contre toute prévision et contre leur intérêt le plus évident, ils le demandaient, l'Etat aurait les moyens de faire face à ces demandes par un système de séries qui prémunirait le Trésor contre toutes les coalitions de l'agiotage.

Enfin que nulle opération financière ne serait plus propre à fortifier notre crédit et à nous procurer un emprunt à des conditions avantageuses, si de nombreuses demandes de remboursement rendaient cet emprunt nécessaire.

INFLUENCE DE LA RÉDUCTION SUR LE TAUX DE L'INTÉRÊT.

TROISIÈME LETTRE (Extrait).

« Le cours de nos Rentes exerce, on ne saurait le nier, une action immense sur le taux de l'intérêt dans les transactions particulières. Toutes
les fois, par conséquent, que des circonstances étrangères à la confiance
qu'inspire l'Etat et au crédit dont il jouit agissent sur le cours et sont cause
qu'il n'exprime pas exactement la mesure de ce crédit, ces circonstances
réagissent sur toutes les transactions et introduisent un élément erronné
dans la fixation des conditions qui y sont portées. Dans quelque sens que
cette erreur se manifeste, il serait du devoir du gouvernement d'y porter
remède. Ce devoir est bien plus impérieux encore lorsque ces influences
étrangères à la situation du crédit ont pour résultat une hausse factice d'intérêt. Personne ne conteste tout ce qu'une pareille hausse à de désastreux
pour l'agriculture, les fabriques et le commerce. Nos enquêtes commerciales montrent que l'élévation du taux de l'intérêt est une des principales
causes de l'infériorité de quelques-unes de nos industries, et Adam Smith
a prouvé, il y a 60 ans, que cette élévation agissait sur le taux des objets
manufacturés suivant une progression géométrique, tandis que l'augmentation des salaires n'agissait que suivant une progression arithmétique. »
(*Discours de M. Lacave-Laplagne au nom de la Commission des Rentes, 1836*).

« Ne serait-ce pas pour nous un devoir impérieux d'user de la faculté
qui appartient à tout débiteur de se libérer d'une dette onéreuse ? La négo-
ciation des Rentes 4 p. 0/0 qui eut lieu en 1830 faisait présager le prochain
remboursement de la Rente 5 p. 0/0, et par conséquent une économie d'un
cinquième sur les intérêts de cette dette.

« Voilà, Messieurs, une véritable et glorieuse économie, moins impor-
tante par les millions dont elle dégrèvera le budget que par son effet moral
et ses conséquences pour la prospérité du pays. *Elle amènera l'abaissement
du taux de l'intérêt et l'augmentation de la valeur des immeubles;* par elle,
une puissante impulsion sera donnée à la production et aux grandes entreprises qu'elle multiplie. » (*Rapport de la Commission du Budget de 1833,
par M. Jacques Lefebvre*).

« Dans la croyance où sont aujourd'hui bien des propriétaires de capitaux, qu'ils doivent en tirer 5 p. 0/0, ils gardent entre leurs mains, en province surtout, des fonds dont l'inactivité est funeste. Des faits accomplis
en 1824 ne permettent pas de douter que quand il n'existera plus de Rentes
au titre de 5 p. 0/0, ce sera pour eux un avertissement que le moment est
venu de se montrer plus accommodants, et leurs fonds, offerts alors à un

taux inférieur à 5, faciliteront de plus en plus les transactions commerciales. Ainsi se rompront des habitudes qui trop souvent ont fait méconnaître aux capitalistes de province leurs véritables intérêts et privent le pays de l'usage de ressources existantes. Nous ne doutons pas que la circulation devenant aussi plus abondante et plus rapide ne contribue énergiquement au progrès de la propriété et de la richesse nationale. » *(Rapport fait par M. Passy, au nom de la Commission des Rentes de 1836).*

« Si nous examinons l'effet sur toutes les transactions dans tous les genres du taux de l'intérêt payé par le gouvernement, nous resterons convaincus qu'alors même que la réduction de ce taux ne produirait aucune diminution dans les charges publiques elle serait encore d'un merveilleux effet en faisant cesser la différence entre les produits des capitaux employés dans la Rente et le produit de ceux appliqués *à l'agriculture*, *à l'industrie et au commerce.* Voulez-vous vivifier ces trois soutiens de notre prospérité? Dirigez vers eux les capitaux, et faites qu'ils puissent les obtenir au moindre intérêt possible. Pour atteindre ce but, cessez de leur faire par le haut intérêt de vos Rentes une concurrence qu'ils ne sauraient soutenir. » *(Discours de M. de Villèle à la chambre des pairs,* 1824).

« Le placement dans les fonds publics a présenté jusqu'à ce moment de tels avantages, qu'il a exclu en quelque sorte toute concurrence. Ni le commerce, ni les spéculations les plus sûres et les plus utiles, ni l'agriculture surtout, n'ont pu soutenir la comparaison avec un système d'emprunt qui, assurant un haut intérêt, présentait encore dans l'accroissement du capital des chances de gain qui dépassaient toutes les idées et toutes les espérances.

« Aucune proportion n'existe plus entre le produit des terres et celui des capitaux. Pour rétablir l'équilibre, *on ne peut élever la valeur des terres: il faut donc baisser celui des Rentes,* sans quoi l'attrait qu'offrent aujourd'hui les fortunes mobilières poussera au dernier terme le morcellement des fonds territoriaux..........

« La réduction affaiblirait cette tendance des grands propriétaires à convertir leurs terres en argent, pour se transporter dans la capitale et prendre domicile sur le grand-livre. » *(Discours de M. de Chabrol,* 1825).

« La réduction de la dette est regardée avec raison comme le moyen le plus efficace de faire baisser l'intérêt de l'argent dans toutes les transactions et d'augmenter la masse des capitaux voués à la reproduction. La loi de l'équilibre agit sur les capitaux comme sur les fluides, et comme le prix d'une marchandise ne peut se réduire sur un marché sans se réduire sur tous les autres, la baisse de l'intérêt à la Bourse, qui est le grand marché des capitaux, est inséparable d'une baisse générale qui maintiendra le niveau de tous les placements. » *(Discours de M. Laffitte en* 1838).

« Sans doute on ne décrète pas un intérêt; mais lorsque l'Etat se trouve dans une situation telle *qu'il fait concurrence au pays,* que sa Rente au taux de 5 est un obstacle à ce que l'intérêt s'abaisse, oh ! alors, ce n'est plus par suite d'une mesure législative simplement décrétée, c'est par suite d'un grand fait que la réduction a lieu. La concurrence disparaissant, l'intérêt s'abaisse. Consultez tous les hommes d'affaires ; ils vous diront que tous ceux qui ont des placements à faire, et qui s'adressent à eux, tiennent à recevoir un intérêt de 5 p. 0/0 ou qui s'en approche : ils donnent pour raison invariable, que si on ne veut pas accorder l'intérêt qu'ils demandent, ils placeront leurs fonds sur l'Etat, c'est-à-dire qu'ils achèteront de la Rente. » (*Discours de Garnier-Pagès*).

« La réduction du taux de l'intérêt doit exercer une influence nécessaire et presque immédiate sur les transactions immobilières, et le crédit s'harmonisant dans toutes les parties, il n'en peut résulter pour l'agriculture, le commerce, l'industrie, et pour la prospérité générale, que les plus heureux effets. » (*Discours du Ministre des finances en 1840*).

M. Humann partageait la même opinion.

« Le taux de la Rente, disait-il en 1836, est, n'en doutez pas, le régulateur de tous les placements ; et en 1838, il ajoutait : L'adoption de la mesure produirait des avantages généraux d'une autre nature, et d'abord celui de modérer le taux de l'intérêt. On ne l'abaisse pas sans doute par la force des lois : c'est le rapport entre la somme des capitaux disponible et l'utile emploi que l'on en peut faire qui le détermine ; mais l'existence de la dette publique, ses conditions constitutives, forment évidemment un des termes de l'équation. L'intérêt élevé attribué aux milliards dus par l'Etat, et que la spéculation augmente fictivement au moyen de ventes à terme établit sans nul doute une disproportion nuisible entre le produit de nos fonds publics et *le produit des capitaux affectés à l'agriculture, aux fabriques et au commerce*. Cet état de choses, qui ne favorise pas les progrès industriels, est plus fâcheux encore pour le crédit public. »

L'autorité de M. d'Argoût, ancien ministre de l'intérieur et des finances, aujourd'hui gouverneur de la Banque, vient fortifier encore celle que nous venons de citer.

« La conversion a un autre avantage, du moins par ses conséquences : c'est celui de reporter les capitaux sur l'agriculture, le commerce et l'industrie, et de faire baisser l'intérêt de l'argent.

« Voici quel est l'argument de la commission : Si vous faite la conversion, de deux choses l'une : ou les rentiers accepteront la conversion, et il ne sortira aucun capitaux de la Rente, ou bien quelques-uns des rentiers demanderont le remboursement, et alors il faudra qu'il rentre dans la Rente une somme de capitaux égale à celle qui en sortira.

« Cet argument est excellent pour le jour de la conversion ; mais il ne vaut rien pour le lendemain. En effet, vous aurez ressuscité l'amortissement par la conversion, et l'amortissement, par son action continue, rachètera sur la place une grande quantité de Rentes. Le capital des Rentes rachetées devra trouver un autre emploi, soit *dans l'agriculture*, soit *dans le commerce*, soit *dans l'industrie*. Or, c'est un secours, et un secours considérable ; mais, prenez garde que par l'action de l'amortissement ce secours s'élèvera de 80 millions à 100, de 100 à 120 ; et s'il arrifait, ce que je ne désire pas du reste, que cette action parvint à éteindre complètement la dette, qu'auriez-vous fait? Vous auriez refoulé vers l'agriculture, le commerce et l'industrie, 4 milliards 300 millions de capitaux.

«Quant à la baisse de l'intérêt de l'argent, cela est évident encore: lorsqu'on a nié cette vente, on n'a pas fait attention au phénomène de l'accumulation des capitaux. Ce phénomène se révèle partout.

«Vous voyez aujourd'hui de simples artisans déposer leurs économies aux caisses d'épargnes. Quel est le résultat de cette tendance générale à l'accumulation? C'est que tous ces revenus, transformés en capitaux, se font concurrence à eux-mêmes; et comme ils ne trouvent pas tous des placements également faciles, il faut bien qu'ils baissent leurs prétentions et qu'ils se contentent d'un moindre revenu. Eh bien! quand vous aurez ressuscité l'amortissement, vous établirez une concurrence de plus à ces placements; cette concurrence croîtra avec l'action de l'amortissement; elle sera d'abord de 80 millions, ensuite de 100; elle tendra incessamment à s'accroître. Vous voyez donc que vous contribuerez essentiellement par la suite de la conversion à faire baisser le taux de l'intérêt.

«Messieurs, après les mesures nécessaires à la sûreté de l'Etat, il n'en est pas qui soit plus utile au pays que la baisse générale de l'intérêt de l'argent.» (*Discours à la chambre des pairs*, 1838).

Nous pourrions citer encore dans le même sens d'autres passages remarquables de MM. Gouin, Gauthier, de Lévis, etc.

NOTA. Qu'on ne dise pas que les rentiers actuels ont été victimes du *tiers-consolidé*. M. Humann constatait en 1836 qu'il restait à peine 100,000 francs de Rentes frappées par cette inique loi.

(La Suite prochainement).

Tulle, Imprimerie de J.-M. DRAPPEAU.

lesquels je n'ai pu le payer, &c., que cette action porta à diminuer [illegible] rompt-elle sur le fisc, qu'allez-vous faire? Vous aura-t-elle emprunté [illegible] l'agriculture, le commerce et l'industrie, à milliard-500 millions de capitaux.

«Quant à la lésion de l'intérêt de l'argent, cela est évident encore: [illegible] Le phénomène se révèle partout.

«Vous avez [illegible] du simple [illegible] déposer leurs économies aux caisses d'épargne. Quel été le résultat, de cela tendrait [illegible] à l'accroissant [illegible] Ces [illegible] fonds [illegible] bénéficiés en capitaux, se [illegible] à vos caisses, [illegible] comment, n'en trouvant pas les placements à égal [illegible] et [illegible], étant bien aise qu'elles baissent leurs [illegible] et qu'ils se contentent, d'un modique revenu. Eh bien! quand vous avez [illegible] vous [illegible] une ouverture de plus à ces [illegible] conforme [illegible] l'action avec l'amortissement; [illegible] million[illegible] de [illegible] [illegible] Vous voyez donc que vous contribuez [illegible] par [illegible] les beaux jours de l'histoire.

[illegible] à la sûreté de l'État, il n'en [illegible] plus générale de l'intérêt de l'argent. (L'orateur [illegible] des [illegible].)

Nous pourions citer [illegible] même vous d'autres [illegible], Gauthier, de [illegible].

Nota. Qu'on ne dise pas que les rentiers actuels ont été [illegible] du Haye-schau[illegible]. H. Humann consistait en 1836 qu'il retient prime 100,000 francs de Rentes frappées par cette inique loi.

(La Suite prochainement.)